2 Mars 1883.

VENTE

Du Vendredi 2 Mars 1883

HOTEL DROUOT, SALLE N° 5

A 2 HEURES

OBJETS DE L'ORIENT

DAMAS — CUIVRES

FAIENCES DE LA PERSE — OBJETS DE VITRINE

BIJOUX — OBJETS DIVERS

SOIERIES ANCIENNES — TAPIS

EXPOSITION PUBLIQUE

Le Jeudi 1er Mars 1883, de 1 heure à 5 heures.

Me Paul CHEVALLIER
Succ^r de **M^e Ch. PILLET**
COMMISSAIRE-PRISEUR
10, rue de la Grange-Batelière.

M. Charles MANNHEIM
EXPERT
7, rue Saint-Georges.
Paris.

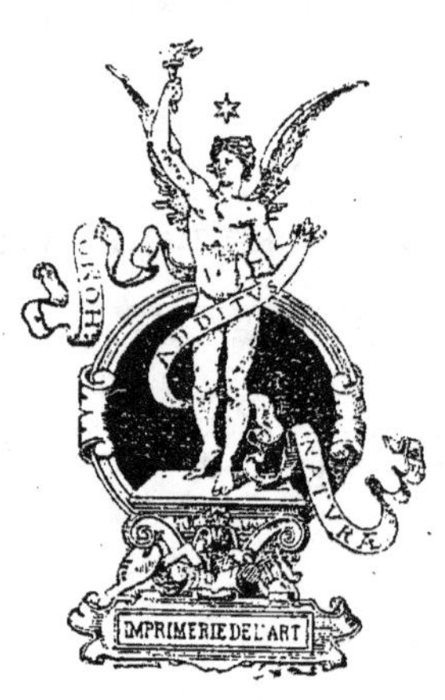
IMPRIMERIE DE L'ART

CONDITIONS DE LA VENTE

Elle sera faite au comptant.

Les adjudicataires payeront *cinq pour cent* en sus des enchères.

L'exposition mettant le public à même de se rendre compte de l'état des objets, aucune réclamation ne sera admise une fois l'adjudication prononcée.

Paris — Imp. de l'Art, J. Rouam, 41, rue de la Victoire.

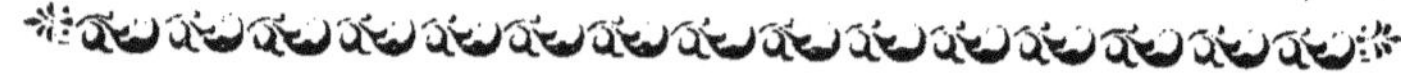

DÉSIGNATION DES OBJETS

OBJETS EN DAMAS & ARMES

1 — Deux coqs en damas incrusté d'argent, formant brûle-parfums. Travail persan.

2 — Deux canards de même travail, formant brûle-parfums.

3 — Un briquet persan en damas terminé par une tête de dragon repercée à jour.

4 — Casque circassien en damas gravé en relief à figures de cavaliers et sujets de chasse.

5 — Petite rondache en fer damasquiné d'argent.

6 — Casque en fer repoussé à côtes et clouté de cuivre.

7 — Baïonnette damasquinée d'or.

8 — Un pistolet circassien, dont la crosse est terminée par une boule d'ivoire.

9 — Une claymore.

10 — Un yatagan avec lame en damas incrusté d'argent.

11 — Un marteau d'arme avec garniture de cuivre.

12 — Un petit fusil et un poignard.

CUIVRES DE L'ORIENT

13 — Deux paons formant brûle-parfums, en cuivre gravé, découpé à jour et orné de turquoises. Travail persan.

14 — Deux autres plus petits, de même travail.

15 — Deux brûle-parfums formés chacun d'un chameau, de même travail.

16 — Deux autres de même travail.

17 — Deux canards de même travail.

18 — Deux coupes persanes rondes, à couvercle bombé, avec plateau en cuivre gravé, repercé à jour et orné de turquoises.

19 — Deux autres coupes analogues aux précédentes.

20 — Deux vases forme balustre à couvercle bombé, de même travail.

21 — Deux grandes coupes à piédouche et à couvercle, de forme ovale, en cuivre découpé et gravé, enrichies de turquoises, garnies de deux anses dragons.

22 — Bassin d'aiguière en cuivre gravé.

23 — Coupe ronde ancienne en cuivre gravé à inscriptions et signes du Capricorne.

24 — Aiguière avec son bassin en cuivre gravé à palmettes et arabesques, avec anse à têtes chimériques. Travail persan ancien.

25 — Aiguière analogue à la précédente.

26 — Deux autres aiguières en cuivre gravé. avec leurs bassins.

27 — Grand plateau rectangulaire en cuivre gravé, à médaillon et encadrement de figures.

28 — Autre plateau analogue au précédent, mais plus petit.

29 — Deux petits supports formés d'un taureau en cuivre.

30 — Petit brasero à fond grillé, sur quatre pieds bas en cuivre, et une figurine de divinité boudhique.

31 — Douze manches de couteaux en cuivre gravé. Lot de débris en cuivre de la Perse, tuyaux de kalians, chaînes, anses, etc.

32 — Aiguière turque et son bassin en cuivre repoussé et doré. à facettes en losange.

33 — Aiguière ovale et son bassin en cuivre rouge repoussé, ornée de rosaces émaillées.

34 — Grand brasero à couvercle en forme de dôme
surmonté d'un cygne, en cuivre jaune découpé
à jour, avec pelle et tisonnier.

35 — Une suspension arabe en cuivre, à quatre
bougies et douze lampes.

36 — Une suspension avec chaîne en cuivre émaillé
du Maroc.

37 — Deux lampes d'applique en cuivre découpé et
gravé.

38 — Une lanterne à soufflet en cuivre découpé à
jour et argenté.

39 — Brûle-parfums sur pied élevé avec large plateau
en argent repoussé, gravé et repercé à jour,
garni de chaînettes.

40 — Un narguileh à tige en argent repoussé avec
base en métal damasquiné d'argent.

41 — Un kalian persan de forme ovoïde, en cuivre,
émaillé à bustes de femmes et fleurs sur un
trépied en cuivre.

42 — Un plateau rond à bord festonné, en cuivre
gravé à arabesques et étamé.

FAIENCES DE LA PERSE

43 — Deux fragments de pilastre en ancienne faïence
de la Perse à médaillons d'arabesques en
bleu clair sur fond à reflets métalliques et
encadrés en gros bleu.

44 — Une brique carrée en ancienne faïence de
Perse à reflets métalliques portant des carac-
tères, versets du Coran.

45 — Vase porte-bouquet à six goulots en faïence
persane jaune.

46 — Flacon de Kalian en ancienne faïence de Perse,
décor bleu à fleurs et arabesques.

47 — Vase balustre aplati à goulot renflé garni de
deux anses, en ancienne faïence de Perse
à décor bleu à arabesques.

48 — Petit flacon à panse surbaissée, décor à reflets
métalliques.

49 — Coupe ronde avec son plateau en porcelaine blanche de la Perse gravée sous émail.

5o — Deux petits plateaux rectangulaires en faïence de Perse turquoise.

5ı — Petit plat en ancienne faïence de Perse à décor d'arbustes en bleu.

52 — Petit plat en ancienne faïence de Perse à bordure quadrillée et ornements à reflets au centre.

53-73 — Environ cinquante plaques en faïence de Perse, décor de figures, cavaliers, fleurs et arabesques en couleurs et rehaussées de reflets métalliques. Ce lot sera divisé.

74 — Flacon de Kalian en ancienne faïence bleue de la Perse décoré en jaune.

75 — Petit plat en ancienne faïence de Perse, décor d'arabesques avec figure au centre.

76-78 — Trois plats en faïence de Rhodes dont deux décorés d'œillets et le troisième d'une rosace.

OBJETS DIVERS DE L'ORIENT

79-81 — Trois plateaux ronds représentant des sujets
de chasse, en vernis de la Perse.

82 — Petite table basse en mosaïque persane.

83 — Plateau rond à trois pieds en étain gravé et
incrusté d'argent. Ancien travail persan.

84 — Carafe persane en verre incolore à lobes.

85 — Coffret en mosaïque de Bombay.

86 — Trois plaques et une boîte de miroir en vernis
de la Perse.

87 — Deux petits vases à couvercle avec soucoupes
en porcelaine de l'Inde.

88 — Miroir turc à bordure ajourée en cuivre argenté.

89 — Miroir rond dans une enveloppe en incrustation
de nacre et d'écaille. Travail turc.

90 — Un vide-poche d'applique garni d'une poignée en incrustation de nacre et d'écaille. Travail turc.

91 — Une paire de sandales turques de même travail.

92 — Une petite table turque de forme hexagone de même travail.

93 — Table turque octogone incrustée de nacre et d'ivoire.

94 — Une autre de même forme et de même travail.

OBJETS DE VITRINE

95 — Un anneau en argent niellé et une bague en argent formée d'un serpent.

96 — Une pièce de monnaie sananide en argent.

97 — Petit coffret contenant un encrier, en ancien émail de Saxe à médaillons de paysages encadrés d'or.

98 — Boîte ronde en écaille avec miniature sur
nacre représentant une femme couchée sur
une ottomane.

99 — Montre Louis XVI en or, ornée d'un émail de
Genève représentant un pêcheur à la ligne
dans un paysage.

100 — Deux pièces : tasse et sa soucoupe en vermeil
repoussé et tasse octogone en argent gravé.

101 — Deux petits couverts, cuiller, couteau et four-
chette à manche en vermeil ciselé et une
cuiller à manche terminé par une cariatide.

102 — Deux petites figures japonaises en ivoire.

103 — Petit triptyque gréco-russe en cuivre.

104 — Miniature à l'huile de forme ovale, représentant un château avec tourelle sur le bord de
la mer.

105 — Garniture de livre en argent à médaillons de
figures.

106 — Deux petits étuis en filigrane d'argent émaillé et un bouton. Travail chinois.

107 — Deux éventails chinois à monture d'ivoire.

108 — Châtelaine Louis XV en argent.

109 — Montre Louis XV en argent repoussé.

110 — Boîte contournée en argent repoussé à figures, deux boucles et un cachet.

111 — Deux petites salières Louis XVI, forme ronde, à trois pieds et guirlandes.

112 — Miniature sur ivoire : portrait de jeune fille en robe blanche, signé Périn.

113 — Deux bagues en or dont une ornée d'un grenat entouré de roses.

114 — Épingle de cravate montée en or : cheval au galop enrichi de roses.

115 — Quatre cachets breloques formés d'animaux en argent.

OBJETS DIVERS

116 — Deux vases en faïence de Delft. montés en bronze.

117 — Trois petits bustes d'hommes en biscuit, dont un sur socle en marbre.

118 — Un petit cabinet à ornements peints et rehaussé d'or, de style oriental.

119 — Statuette de la Vierge, en bois, sur socle en bois noir.

120 — Un coffret en maroquin rouge à ornements dorés au fer.

121 — Un fragment de bas-relief en marbre, représentant la Résurrection.

122 — Pendule Louis XVI en marbre, ornée de rangs de perles et surmontée d'une figure d'amour en bronze doré.

123 — Buste de sainte Geneviève en marbre blanc, sculpté en haut-relief.

124 — Christ en bronze sur croix en bois noir.

125 — Deux portes d'armoire en bois sculpté du temps de Louis XV.

126 — Console Louis XVI en acajou, à dessus de marbre avec galerie de cuivre.

127 — Quatre pièces en faïence : broc, plat, salière et soucoupe.

128 — Vase en porcelaine de Chine, décoré en grisaille.

129 — Deux coupes en forme de feuilles et un socle en porcelaine blanche de Chine.

130 — Trois pièces, théières en terre rouge.

BRONZES

131 — Statuette de Scapin en bronze, par Double-mard.

132 — Deux lions couchés, en bronze, sur socle en marbre.

133 — Lustre flamand en cuivre, à quatre lumières,
avec lampe à sept becs et crémaillère.

134 — Deux petites appliques à quatre lumières, en
bronze, et un petit bougeoir.

SOIERIES ET TAPIS

135 — Quatre lais de soie, fond crème, brochée à
fleurs, en soie de couleurs, du temps de
Louis XV.

136 — Pièce carrée en ancienne soie jaune, à bran-
ches de pavots, brodée en soie de couleurs.

137 — Pièce en ancienne soie blanche, brodée à
fleurettes en couleurs.

138 — Pièce en ancienne soie ocre brochée à fleurs
et raies rubannées.

139 — Panneau en ancienne soie blanche moirée à
ornements et étoiles brodés en or et soie de
couleurs.

140 — Petit corsage avec manches en soie rose
Dubarry, brochée à fleurs et rubans.

141 — Six rideaux en toile orientale, brodée d'ornements arabesques en soie violette, doublés
de percale violette.

142 — Deux autres rideaux en toile brodée, à rin-
ceaux et fleurs en violet avec bandes de soie
à raies de couleurs.

143 — Quatre autres rideaux en étoffe orientale
brodée.

144 — Joli petit tapis en velours rouge, richement
brodé à fleurs et rosace en or, argent et soie
de couleurs.

145-149 — Cinq jolis tapis de table en toile brodée
de soie de couleurs, à ornements variés,
fleurs et arabesques; tapis de prière brodé
en soie de couleurs sur fond vert; un autre
sur toile blanche piquée.

150 — Grande écharpe persane en soie bleue brodée
à palmettes en or.

151 — Petite écharpe avec bordure brodée en argent.

152 — Petit tapis persan à fond de palmettes, enca-
dré de six encadrements d'ornements.

153-157 — Cinq tapis en broderie de Recht.

158 — Beau tapis long velouté de la Perse, à fond
bleu.

159 — Grande carpette persane à dessus quadrillé.

160 — Grande carpette persane à bordure à fond
rouge.

161 — Tapis long de la Perse à fond rouge, rehaussé
d'ornements verts.

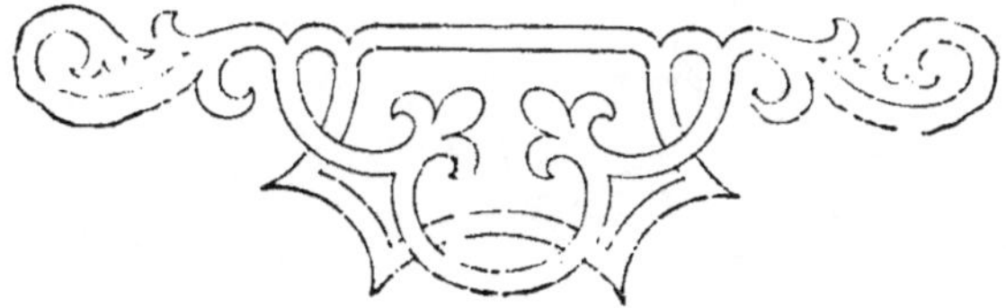